Questo libro è stato pubblicato grazie ad Amazon Edizioni.
I diritti che ne derivano sono da considerarsi di proprietà dell'autore.
Edizione marzo 2024.

L'ultimo

(P<u>R</u>OeSiA)

di federico seregni

Prosa e poesia

Del perché sia necessario il #RedditoBaseUniversale

Animo mio,

raccogli in te

l'insieme di tutto.

Sento ciò che senti,

Primo fra tutti

l'urlo di bisogno.

Stride(a) la terra

di sete, fame e stenti.

Primo fra tutti, ora e adEsso,

l'arrivare a soccorrere.

Ovunque.

Tu

Sei un sogno

Che si rinnova,

La speranza

Che diventa realtà.

La primavera

Sempre nel cuore,

Il respiro con me,

Costante.

Può l'unione
di due mani,
far nascere
Energia Eterna?
Io credo di sì.

Un cavallo

ad ogni bambino,

un cavallo

ad ogni anima meritevole,

un cavallo

a chi nel bisogno.

E chi cavaliere,

nomini altri cavalieri.

Questo il Regno di Dio

tra le anime.

Come il Sole
Sorge ogni giorno,
Così i bisogni
Delle persone
Sono presenti
Nel dì che nasce.
Guai a quei governanti
Che non considerano
Il numero di chi
Nella necessità.
L'urlo degli ultimi
Deve essere "Primo"
Di fronte allo strazio
Dell' indigenza.

Lacrima
che cadendo
già manchi di lei,
portami vicino
a dirle che è tutto.

Madre, *Moglie e Figlia*

Dio è
L'Amore dell'Essere e
L'Essere dell'Amore.
Anche.

Navi giardino botanico,

con acquaponica e idrocultura,

che consegnino cibo fresco

ad ogni porto: Africa, Centro e Sud

America, Asia, India ecc.

Desalinizzatori e realizzare

canali inversi, che portino l'acqua

dal mare all' entroterra.

Ripopolare mari e fiumi,

boschi e foreste.

È importante.

È anche qui l'Eden,
va solo costruito.
Insieme.

Televisione e Media propositivi.

Non atroce e diseducativa 'cronaca nera'.

Il mondo deve essere costruito a misura di tutti

#UniversalBasicIncome

#RedditoBaseUniversale

Perché il diritto ad un'esistenza "dignitosa" deve essere garantito a tutti, sempre e in qualsiasi circostanza.

Ci siamo sostituiti a Dio nel comando al lavoro e alla sofferenza.

Erto il mondo che vedo. Erti i signori della guerra e della vendetta. E van fermati.

Indice

posto primo

del valore della vita.

CACCIA

Usare un fucile per ammazzare delle creature è una cosa vile.

Oggigiorno non è più una questione di sopravvivenza come nei secoli scorsi. Non è neanche uno sport camminare armati e sparare a tortore, gazze, cince o altri piccoli animali che abitano intorno a noi. La caccia dovrebbe essere vietata su tutto il territorio. È troppo pericolosa. Lascerei soltanto i poligoni e delle riserve a pagamento, ben delimitate, dove gli animali avessero anche la possibilità di fuga e di poter tornare in libertà. Sport.

Caccia e pesticidi per gli animali sono una guerra.

La parola è

finita e infinita

al contempo.

Insieme

d'assieme.

God

Good

Goods

Convincere (chi in) cielo

del bisogno della terra

e (chi in) terra del bisogno

del cielo.

Facciamo il mondo a misura delle donne, dei bambini, degli anziani e dei disabili.

Che la Grazia

sia con Te

e la Forza

sia solo per Amare.

Libera
   legata
l'anima
   al bisogno
Alla vita
   Ha
Fede
   nella fine
   e nel senso.
Zitto Grido
UN mare
giallo di speranza
Casa per tutti.

If you are

so you have.

If you feel

so you are.

Why we need?

Just for being.

Dedicato a mio figlio

Come il sole?
Come il riflesso del sole?
Un po' così...

Angeli di oggi
Uomini di domani.

Forse semplicemente bisogna 'conoscere' il male per imparare ad amare il bene. Tutto qui.

Terrorismo, guerra, odio, rabbia, miseria e indigenza, razzismo, ecc., hanno anch'essi una ragione ad essere.

African-can

European-peace

American-win

Asian-every

Australian-where?

Un gatto entrò dalla finestra della mia cucina. Sul davanzale, all'interno, c'era un'ampolla di un lume ad olio. Appena avanzai nella stanza il gatto rovesciò l'ampolla e l'olio. Io pensai scappasse, invece lui iniziò a muovere le zampe sul vetro della finestra e ad agitarsi in modo frenetico. Poi, dopo qualche momento, se ne andò. Il giorno dopo, quando il sole illuminò quella finestra, scostai la tenda gialla e vidi che il gatto, con le sue zampe, aveva disegnato un cavallo e il disegno era bellissimo. Io allevavo cavalli da corsa in quel periodo e il gatto era un gatto di campagna arrivato per suo conto.

Se tutto il mondo è basato sul denaro come convenzione, allora il denaro deve essere riconosciuto come diritto a tutti.

Gesù vi direbbe che bisogna fare di tutto per non finire al Jeenna (discarica) e che bisogna sfamare tutti e dar loro perfino il vino, non solo pane e acqua.

Prego per una rivoluzione moderna e non violenta, che cambi il destino dell'umanità.

I modelli in essere sono vincenti, ricchi e di successo, la vita reale della gente è molto lontana da tutto questo.

Qual è il ruolo dell'umano?

Edificare e custodire

o mandare in rovina, distruggere e inquinare?

Mihi

Me

Meco.

A me,

me, io

con me.

L'attimo

Sole e tempesta

questo sei,

riflesso di luna

e respiro stesso.

Ho trovato l'infinito

nei tuoi sorrisi

e l'inferno nella lontananza

e nei tuoi bronci.

Manchi più di tutto.

Qui non siamo nel 2023, ma siamo a Frittole nel quasi 1500.

C'è stato: Gesù Cristo, Confucio, Buddha, Ghandi, Martin Luther King, Madre Teresa di Calcutta e questi ancora ammazzano e sparano e fanno e pianificano guerre.

Oggi

8.5 Mln di morti per fame e sete ogni anno.

150 Mln di bambini schiavi del lavoro.

60% di animali vertebrati sterminati dal 1970 ad oggi.

La temperatura che continua ad alzarsi insieme al CO2.

Fermati mondo e guarda cosa ti è veramente di scandalo.

'Ode alla miseria':

Il denaro è importante

Oggigiorno troppo importante e indispensabile. Comune denominatore di tutto.

Il contrasto tra ideale

e reale,

è il piano

del lavoro futuro.

È un concorso di colpa,

la vita che ti è attorno

ti vede sempre responsabile.

Divino l' "Essere" sin dall'origine.

Deve cercare di esserlo anche nel "Fine".

Se ci sono i mezzi per risolvere i problemi del mondo e non vengono utilizzati, allora qualcuno è "reo" in modo veramente "grave".

Infiniti finiti

Il mondo è
un insieme
di Infiniti
Finiti.
Anch'essi
Infiniti.
Siamo immaginazione,
pensiero e sentimento:
questo è infinito
ed eterno.
Siamo fatti per questo.

Ovunque vi sia vita
che gli venga garantito
di poter sussistere come diritto
fondamentale.
Questo vale per
tutti gli esseri umani,
gli animali
e l'ambiente.
Sono a favore del
reddito base universale
e questi diritti
dovrebbero essere
decisi dall' ONU
per tutti.
Sono anche a favore
della proposta di
tutelare 1/3 del pianeta
come riserva naturale.

Fine del mio animo

(è)(a) cercare ciò che vicino

al mio cuore, come primo

porta.

Un'opinione,

l'istante stesso

che viene formulata,

sta già cambiando.

Perché il cuore

è così complicato,

quando l'Amore

è così semplice?

Piango

di ogni lacrima,

lo faccio ogni momento.

Nel vento.

Nel mare

dell'implicito,

del suono

sottaciuto,

muore or lo spirito,

reo di turbamento.

Sono le armi

a dividere ciò

che ci unisce.

Sole e Luna

in un mare

di silenzio.

Unione

di Mani,

per Una Terra

Comune.

Mio fratello

è fatto

di mille colori.

Sento un brusio
che amo,
melodia
di un vivere
che è canto
alla vita.
Donna
tu sei
il capolavoro
del Creato,
centro
di ogni-sia.
Fine inizio
di tutto.

Anima Mundi

Una per tutti,

insieme di speranza.

Siamo una sola essenza,

mossa per non finire.

Le ali del Mondo

servono

un disegno comune,

capace di Tutti.

Sole

in un mare vivo,

di una Terra

moderna,

ove non ci sono

più isole e confini.

Solo Dio

è lo spazio

che ci unisce,

Insieme, non contro,

ma vicini-lontani

quanto il respiro

del Mondo.

Amo la diversità,

Spirito di Uno.

Alla fine

brilliamo

non di buio.

La geenna (l'inferno): per Gesù andare alla geenna significava finire alla discarica e non alla dannazione eterna, che probabilmente riguarda alcune anime, ma non tutte.

Questa Società impoverisce e tara i beni delle persone fino all'usura. Lo Stato italiano ti chiede in molti casi la metà se non di più del frutto del tuo lavoro per mantenere politici corrotti e spesso incompetenti. Questo "sistema" ti chiede soldi per tutto! L'orientamento del vivere insieme è ad impoverire anziché arricchire le persone. Tutto il valore viene vanificato e azzerato. Questo invece di essere giustamente ridistribuito, viene pressoché ipotecato come modo di amministrare il bene e il soldo della gente.

Il dovere dello Stato dovrebbe essere quello di fare gli interessi dei suoi cittadini non di impoverirli e indirizzarli alla "discarica". Vivere è diventato un salasso quotidiano di valori e la gente è costretta a lavorare come schiava di un sistema tarato all'usura.

Nostro Signore intendeva proprio questo quando parlava di "geenna". Guai ai preti delle traduzioni false, guai ai politici corrotti e faziosi in questo modo.

La Società deve poter prosperare e generare benessere e ricchezza non miseria e precarietà, con la minaccia sempre incombente della rovina dei propri averi.

Serve avere un diverso concetto e diverse finalità da queste tendenze.

Dedicato al Prof. Ralf Gustav Dahrendorf

Quadrare il cerchio è possibile. Basta iniziare a considerare la vita come un valore e non un costo. Riconoscere la vita tutta e sostenerla dove necessario. Questo non lo considero "politica", ma basamento, su cui costruire e organizzare qualsiasi Società.

Gren*   *ramo in svedese

Ramo

di vita,

solco tracciato.

Cresce nell'amore

con il sorriso.

Amicizia (è)

porta di

questa casa.

Amore

è Eterno.

Luce

d'infinito

A brillare

Vivo.

È.

"Quello è il mio lavoro"

disse lei, riferendosi all'amore.

"L'amore un giorno salverà il mondo, o lo ha già salvato?"

disse lui.

Tutto è fondato sull'amore,

perfino l'odio e la rabbia lo sono.

Questo ci guida ed è necessario seguire e conseguire l'amore come bisogno intimo stesso dell'esistenza.

L'umanità migliorerà sempre perché è suo stesso bisogno.

Dio in questo ci ha salvato, ci salva e ci salverà sempre.

Uno come insieme.

Il colpo più forte

è quello non portato.

Comunismo e capitalismo sono modelli funzionali, a noi, come italiani, il dover trovare una sintesi. Siamo forse la cultura occidentale più antica insieme ai greci, e ci rinfacciano di non essere abbastanza produttivi come cultura moderna. Niente di più sbagliato. Recepiamo solo ciò che consideriamo veramente utile e del profitto dei primi noi non ci sporchiamo. L'unica cosa deprecabile è che vendiamo armi al mondo mentre nella nostra Costituzione c'è scritto che "ripudiamo" la guerra:

"L'Italia ripudia la guerra come strumento di offesa alla libertà degli altri popoli e come mezzo di risoluzione delle controversie internazionali [...]" art.11

Sono dell'opinione che non dovremmo vendere armi e nemmeno fornirle a chi nei conflitti bellici. Questa era la Volontà di chi ha partecipato alla Costituente.

SOS senzatetto

SOS prostitute

SOS

Secondo l'ultimo censimento 2021 ci sono più di 500.000 'persone' senzatetto.

Le prostitute e i mercenari, beh, non si contano.

Dobbiamo fare qualcosa, subito.

Non cercare di sapere che volto avrà l'Amore, perché sarà comunque il tuo.

Ukraine

U cry in

Put in worst than ever.

We stand with you.

Always.

Reaching Love and Peace.

È possibile che, ancora ad oggi, nessuno abbia presentato un progetto mondiale per la conversione delle baraccopoli in aree residenziali.

Lo faccio io, adesso, qui! Ed è una vergogna.

Il denaro delle persone dovrebbe essere rispettato molto di più, e alla gente dovrebbe essere permesso di risparmiarne e di salvaguardarlo molto meglio.

Questa Società tara la vita dell'individuo sottraendo ad esso il valore stesso del suo lavoro e attività.

Le istituzioni, lo Stato, tutti gli enti e società che chiedono soldo alle persone dovrebbero avere il più alto dei riguardi nel farsi pagare. Bisognerebbe riconoscere forse maggiori diritti ai beni e tutelarli con ancora più cura. Il 'valore' è molto importante per la gente e ad essa va reso e tutelato.

Fare la spesa è un Lavoro,

pulire casa è un Lavoro,

comprare è un Lavoro,

andare in vacanza è un Lavoro,

risparmiare soldi e/o investirli è un Lavoro,

occuparsi della famiglia, dei figli, degli amici, dei malati, degli invalidi e degli animali è un insieme di Lavori.

Tutte le attività umane sono di per sé Lavori e muovono economie fondamentali e importanti.

Bisogna fare il possibile per favorire, riconoscere e trasformare in valore il Lavoro delle persone.

Ogni istante, ogni secondo

tutto si rinnova,

viviamo di questo, di speranza.

Signore

Sì,

anche se è difficile,

anche se non so,

sì.

Bella di strazio,

bella di stento.

Fiori nascono

dall'incolmabile.

Frattura alla vita

è l'indigenza,

miseria del nostro

mancare.

Possa crescere

la vita ognidove,

ricca come

l'idea che l'origina,

ricca come te!

Crediti!

Volgo pena
al mio destino.
Amo sentire
il tutto,
come infinito bisogno.

L'origine dell'uomo è divina, ciò che ci ha distinto dalle scimmie è il soffio di Dio. La nostra origine è Santa e lo dovrebbero essere anche le nostre finalità.
Non c'è più tempo per fare guerre, per uccidere, non c'è più tempo per non soccorrere dove c'è bisogno.

A questo mondo ci sono 8mld di immagini di Dio. Possibile che per qualche centinaio di sadici si faccia ancora Economia di Guerra? Che lo sviluppo ed il progresso umano debbano passare da questo?

Dovrebbe essere illegale fare guerre, dovrebbe essere anti-economico fare guerre.

Bisogna imporre agli stati che praticano e finanziano le guerre il "vero" costo del loro operato.

È inaccettabile che ci sia un arsenale di bombe nucleari sparso in giro per il mondo, bisogna fare pagare gli stati responsabili per questo e imporre loro di smaltire questo schifo.

Noi ripudiamo la guerra!

Se iniziassimo a sovraprodurre con le nostre fabbriche (Ue, Usa, Csi, Cina, Giappone ecc.), riusciremmo a mettere a disposizione, per i paesi arretrati, merci ed alimentari. Per noi sarebbe produrre di più e lavorare di più, per loro sarebbe la salvezza. Basterebbe che noi producessimo un 10-20% in più e, con nostro vantaggio anche, risolveremmo il problema.

Non possiamo chieder all'Africa e ai paesi arretrati di progredire ed evolvere come noi, coi nostri sistemi produttivi. Dobbiamo rispettare la loro storia e cultura, senza pretendere che si sviluppino in un'improbabile rivoluzione industriale del sud del mondo, ma che possano avere un progresso armonico proprio.

Autunno

Ci sono gli alberi gialli,
quelli che ami di più.
Un uccello canta
la sua canzone e dice "Tutti".
Il cuore che mi manchi
e il tempo sei sempre tu.
Un posto a me vicino
è il cercarti sempre.
Vivo di te nel tempo,
attimo che non finisce.

Dio è l'Essere
dell'Essenza.
Noi siamo Essenza in questo.
Molto va al di là dell'apparire,
per trovarne significato, origine e fine.

Ho trovato che ho un lavoro

bellissimo:

raccontarVi tutte queste cose.

Dio benedica sempre Voi

e il frutto del Vostro lavoro.

Invidia

In Vidi A

    α alfa inizio

In questo vidi

l'inizio,

mosso ad animo

per rancore,

per poi_trovarmi

nuovo di vero

Amore.

Animi

  baci

versati nel tempo.

Somma d'averti

vicino.

Splende il mio sguardo,

ricco del tuo.

E il tramonto mi è

dolce, come il cercarti

per sempre.

Stupito

      per il sangue

portato e

la risposta

che ne consegue.

Chi ti ha

"imparato"

questo?

                Spari blu

                Ovunque –

D'attorno

...e lo

sciabordio

di noi,

muove

tempo e animo,

in attimi

d'incanto.

Credo che al posto di chiederci "solamente" da dove nasca la materia, ci si debba interrogare su dove nasca lo spazio, il vuoto. Non "credo" al Big Bang, penso ad infiniti Big Bang, in un tempo e in uno spazio infiniti. E l'Origine resta sempre un mistero.

"Vuoto" è solo brandire delle teorie come assoluti, in questo sembriamo ancora i primi uomini della Bibbia.

"Dio di infiniti mondi"[1] benedici noi Sempre.

---

[1] Citazione da Giordano Bruno del XVI secolo.

Un giorno uccidere un animale sarà considerato un abominio; un giorno, fare esplodere un proiettile per trapassare i tessuti e la carne di un altro essere, sarà considerato ripugnante e inaccettabile.

8mln come il popolo di Israele.

Ogni anno muoiono più di 8mln di persone per fame, sete e mancanza di medicine di base.

Lo stesso numero degli abitanti di Israele. Sarà la cabala?

Al posto di occuparci di questi problemi come fossero il più importante, siamo qui chiusi a vendicarci col sangue di ogni screzio, pronti a imbracciare un fucile e sparare ai nostri stessi fratelli.

Non c'è più posto per la vendetta, non è più tempo di uccidere.

Mio fratello ha lo stesso mio sangue e un'anima come la mia.

'Uomo dai mille colori, non uccidere'.

Biascico,

trascino la parola a stento.

Nel mio parlare è sale o

sabbia del deserto? del sapere?

Conoscere

Chi sei

Non

Cosa sei,

Specialmente se a detta di altri.

Gli uomini sono destinati

a perdere da soli e a

vincere con Dio.

Quello che oggi serve è la 'sacralità' della vita.

Occorre porre l'uomo, gli animali e l'ambiente primi.

Ed edificare in questo.

Possa l'umanità essere figlia del sapere, della benevolenza e della pace. Possano essergli di contagio.

Siamo Uno

Si diffonda il bisogno di Uno come Verità e necessità per tutti.

Possa la Creazione rinnovarsi sempre in questo.

Figli di una Vita che ci vuole amanti e fratelli tutti.

Io Amo te, parte di me, necessità di un insieme vivo, dove la tua Realtà è anche la mia.

Un pugno

che si apre,

Signore,

per non colpire.

Una mano

che si tende

ad aiutare.

Questo il mondo che vorrei.

Sogna che tutto è possibile,

io son seduto qui al tuo fianco.

2/3 del mondo è povero, almeno un miliardo in povertà assoluta. Ci vuole molto a riconoscergli più valori?

Siamo 8mld. I ricchi sono poco più di 56 milioni, l'1,1% degli adulti, ma posseggono 191,6 trilioni di dollari. Quasi la metà della ricchezza globale va all' 1% della popolazione.
I poveri 2mld - i vulnerabili 3mld.[2]

#UniversalBasicIncome
#RedditoBaseUniversale
#UBI
#RedditoBase

---

[2] Fonti Onu.

Ogni vita è preziosa e bisogna lavorare per essa. Occorre estendere le attività umane a occuparsi del tutto come basamento. L'intero 'prezzo' del tutto deve essere il nostro comune obiettivo. Anche tutto quello che è antieconomico o non conveniente, va posto come parte dell'insieme organizzato. Dobbiamo curare la vita in ogni suo aspetto, non considerarla come costo, ma come 'valore fondamentale', al quale provvedere e verso il quale edificare.

La società occidentale moderna, al posto di partire dall' ABC dei bisogni delle persone, si basa sul DEF, cioè sul deficitare, mancare. Anziché provvedere ai bisogni primari dell'individuo (mangiare, vestire, avere una casa, abitare, ecc.) pone l'essere umano, fin dal principio, ad aver bisogno di tutto il necessario per vivere.
L'evoluzione dell'umanità si è fermata, è in 'stallo' rispetto alle necessità delle persone che la compongono.

Un individuo lavora in media 35 anni. Questo il 'valore' che come minimo gli deve essere riconosciuto.

Non siamo un costo fin dal nascere, ma siamo un valore immenso che ancora deve essere reso e attribuito alle persone tutte.

Questa società è primordiale, spietata e ingiusta. E 'Noi', ne siamo i carnefici intransigenti, non gli amministratori.

Non è un '*do ut des*', 'ti do perché tu dia', ma è 'ti do perché tu debba'. Siamo fermi al 'Contratto Sociale' del 1700 illuminista, con ben poche forme di progresso.

Occorre fare una 'rivoluzione bianca' ed evolvere. Ammodernare l'insieme.

Dove c'è vita,
c'è Natale.

Exodus

Il ghetto dei diseredati si è esteso a tutto il pianeta. La condizione stessa delle persone è diventata, in prevalenza, la "sopravvivenza ". Ad ogni costo!

Una società fondata sull'indigenza e sulla difficoltà a vivere è da considerarsi malata e malsana. Il "contratto sociale" è stato rinnegato e sostituito con la ricerca spasmodica del lucro. Anch'esso ad ogni costo.

Il problema è la sostituzione dei valori assoluti con quelli del vantaggio e del lucro. Siamo diventati spietati, opportunisti e avidi per lo più. Abbiamo sostituito Dio, anche nel prossimo e nei confronti del pianeta. Abbiamo ucciso il contratto sociale e Dio stesso e li abbiamo scambiati con l'usura e lo sfruttamento.

Ci siamo sostituiti a Dio nel comando al lavoro e alla sofferenza, con la conseguenza che noi stessi siamo diventati il nostro Dio, spietato e miserabile, come la società che abbiamo costruito.

Occorre ritrovare la sacralità della vita e ridonarle valore vero e riconosciuto.

Dovremmo promuovere l'umanità e la filantropia in ogni sua forma.

Ogni essere vivente merita possibilità e dignità, sempre.

La vita è un valore infinito, non un costo. Indebitare la vita al nascere è una bestemmia!

Se il valore e il denaro sono alla base di tutto, allora il valore ed il denaro devono essere riconosciuti come necessari alla vita stessa.

Esisto quindi ==> mi devi pagare per questo.

Ho diritto a mangiare, ho diritto a vestirmi, a stare bene in salute e a poter comprare ciò che mi necessita.

La società moderna deve poter prosperare in abbondanza e una vita dignitosa deve essere garantita a tutti e ovunque.

Facciamo la rivoluzione, facciamola qui e adesso.

Per rifondare la società in modo più umano e capace di tutti, non solo di chi conviene.

È una barbaria la difficoltà che insita alla società attuale.

La gente si ammala perché non riesce a far fronte a quanto arduo è difficile sia vivere oggi.

Questo deve essere risolto!

100 idee per far rinascere la città

Dare le licenze gratuitamente

Per i primi anni non chiedere tasse comunali

Aprire degli Amazon Store e dei negozi di società che vendono su internet

Fare corsi formativi al commercio e alla vendita al dettaglio

Dare contributi per l'avviamento di nuove attività

Agevolare giovani meno giovani donne ed invalidi praticamente tutti

Dare gli esercizi commerciali sfitti ad associazioni culturali con prezzo agevolato per contrastare la desertificazione delle attività della Città

Agevolare la distribuzione delle merci

Dare contributi per le forniture di merci e prodotti

Fare i Saldi tutto l'anno liberamente perché la concorrenza è spietata

Dare crediti formativi e di vendita per mettere sempre a disposizione risorse utili alle attività

Per favore mandate le vostre idee di 'nuova città' a....

Instagram: @fedeseregni

Si potrebbe pensare ad uno Stato che non chiedesse tasse alle persone, ma che facesse del valore il suo fondamento:

Nessuna tassa al valore generato dagli individui e invece lo Stato che crea un'immagine fiscale del valore prodotto e la somma a quella delle persone, non detrae valore ma lo somma.

Capitale lordo più Valore Fiscale. Non decurtare il costo dello Stato ma sommarlo alle attività umane.

In questo modo non detrarrei più il costo fiscale ma lo sommerei al Valore generato dalle persone arricchendo il Totale della ricchezza dello Stato.

Cerco un Editore per questo libro e gli altri che ho pubblicato, sono libero da vincoli contrattuali. Grazie.

Printed in Great Britain
by Amazon